10 PASEOS EN TORNO A TOLEDO

PARA DISFRUTAR Y HACER EJERCICIO

10 PASEOS EN TORNO A TOLEDO

PARA DISFRUTAR Y HACER EJERCICIO

ENRIQUE GARCÍA GÓMEZ

ISBN: 978-84-19887-42-9
Depósito legal: TO-282-2024
© Del texto: El autor
© De las fotos: El autor
© De la edición: Editorial LEDORIA - Jesús Muñoz Romero
© De los mapas: Julia Torija Orgaz y Manuel Belda Almira
© De la maquetación: Manuel Belda Almira

* Calle de la Fuente del Moro, núm. 6, Toledo
Teléfono: 925 251 381
* Calle del Conde de Casal, núm. 47
Las Ventas con Peña Aguilera (Toledo)
Mail: info@editorial-ledoria.com
http://www.editorial-ledoria.com

ÍNDICE

INTRODUCCIÓN

La ciudad de Toledo posee innumerables tesoros, tanto materiales como inmateriales. El paso de diferentes épocas históricas, con la diversidad de culturas, religiones y pensamientos que se han dado en ella, han conformado una ciudad que hasta prácticamente mediados del siglo XX ha vivido encerrada en sus murallas. Hasta 1930, casi toda la población vivía intramuros, y en 1970 se igualó el número de personas que vivían extramuros o en el interior del recinto amurallado. Los datos anteriores indican que, aunque es una urbe histórica, su expansión superficial no se ha producido hasta periodos recientes.

Además, hay un cúmulo de circunstancias que han provocado que la distribución de la población sea dispersa. El río Tajo, como eje vertebrador, siempre ha supuesto una barrera para el asentamiento de las distintas poblaciones. La orografía abrupta y los afloramientos rocosos de toda la parte sur de la ciudad ha dificultado los asentamientos urbanos masivos. A todo ello hay que sumar que buena parte del entorno urbano ha estado siempre en manos de la Iglesia, el Ejército y la Nobleza, por lo que han sido territorios vetados al común de la población. Con todo ello, difícil era apiñar las edificaciones y densificar la población.

Todo lo descrito, que urbanísticamente ha generado una ciudad desestructurada y casi caótica, al mismo tiempo ha permitido que la práctica totalidad de las zonas residenciales estén rodeadas de naturaleza. Se ha generado una ciudad amable en el sentido de convivencia con el medio natural. Cualquier vecino, viva donde viva, en un corto paseo se puede situar fuera de la trama urbana. La naturaleza llega, en muchos casos, casi hasta la puerta de las casas.

Encinas, enebros, retamas o tomillos, entre otras muchas especies del monte mediterráneo, son comunes en esos entornos, no porque se hayan plantado, sino porque forman parte de esa flora espontánea que abraza la urbe y que se resiste a sucumbir ante la presión humana. Los pinares se convierten, a su vez, en esos retazos de naturaleza propiciados por las personas, en ese afán de revegetar lo que, en muchos casos, anteriormente se había deforestado. También los campos de cultivo, con los olivares como protagonistas indiscutibles, son parte de ese cinturón verde que rodea a edificios e infraestructuras.

El Tajo no solo marcó hace siglos el lugar idóneo para los primeros pobladores toledanos, sino que hoy día sigue siendo un elemento imprescindible para entender la ciudad. El propio eje principal, el que meandro tras meandro llega al entramado histórico para abrazarlo, es el centro de vida, a pesar del pésimo estado ecológico a su paso por Toledo. Imprime singularidad, dota a la ciudadanía de lugar de admiración y esparcimiento y genera vida en sus aguas y riberas. La vegetación ripícola, aquella que aparece en los márgenes del curso fluvial, otorga un verdor y densidad vegetal inexistente en los campos circundantes. Es un tramo de río urbano, pero no domeñado en su totalidad.

La presencia del río provoca, a su vez, la existencia de multitud de pequeños arroyos o regatos que vierten sus aguas en él, todos ellos dentro de la trama urbana. El arroyo de la Rosa, de la Degollada, de la Cabeza, Salchicha, del Aserradero o de la Fuente del Moro son algunos de los que han modelado la fisionomía del entorno toledano. Son una excepcional fuente de riqueza biológica, paisajística y geomorfológica.

Esta diversidad de enclaves genera, como no podía ser de otra manera, una gran riqueza faunística. A las especies características de las ciudades podemos añadir las que están ligadas con las zonas húmedas o ribereñas, a las propias de paisajes agrícolas y a las que habitan preferentemente en manchas de monte mediterráneo. Una miscelánea de paisajes ha de generar una gran diversidad biológica que, en el caso de Toledo y en la dirección que se elija, se encuentra a escasos metros de las carreteras y edificaciones.

Con este caldo de cultivo no nos queda más remedio que disfrutar del entorno, un disfrute que siempre ha de ir ligado al máximo respeto con todos los componentes naturales (plantas, animales, formaciones rocosas...) y con los elementos con los que la sociedad nos ha dotado para hacer más placenteros, seguros y agradables nuestros paseos (mobiliario, balizas, construcciones...).

Con la idea de descubrir una parte de la riqueza que tenemos alrededor hemos planteado 10 paseos que, esperemos, ayuden a descubrir ese patrimonio que nos rodea pero que no está en la categoría de los grandes monumentos o espacios naturales, ni en las guías turísticas ni en los listados o catálogos patrimoniales de referencia.

Podremos deleitarnos de un patrimonio más o menos conocido, más o menos natural, más o menos señalizado. Es una conjugación de patrimonio natural y cultural, pues en una ciudad como Toledo es muy difícil desligar ambos.

Los recorridos están pensados para que se puedan realizar por el público general, pues no se necesita ni forma física extraordinaria ni grandes dotes de orientación. No son rutas para realizar en un tiempo determinado o a la mayor brevedad posible, todo lo contrario, son paseos pensados para disfrutar, aprender, recrearse y hacer ejercicio. Las distancias varían entre los 3,9 kilómetros del recorrido básico del paseo 8, el del Barrio de San Martín-La Bastida, a los 9,6 kilómetros si hacemos el 7, de Pozuela a Cobisa por el Camino Viejo.

En definitiva, la idea es intentar ayudar a conocer mucho mejor nuestro entorno inmediato y descubrir aspectos que, posiblemente, pudiesen haber pasado desapercibidos hasta ahora. Además, aunque la orografía y construcciones toledanas obliguen en algunos casos a recorridos lineales, se ha procurado que la mayor parte de los circuitos sean circulares, para que cada paso que demos sea nuevo, la visión diferente y el rato más agradable y entretenido.

01 ARROYO DEL ASERRADERO

N

URB.
VALDELAGUA

TÉRMINO MUNICIPAL
BARGAS

abadia

APARCAMIENTO
INVERNAL

TÉRMINO MUNICIPAL
TOLEDO

DEPÓSITOS

TO-20

AV. DE FRANCIA

CEMENTERIO

0   500   1000

ARROYO DEL ASERRADERO
TOLEDO-BARGAS-DEPÓSITOS BUENAVISTA

Cómo llegar

Recorrido

Punto de partida: Final Avda. Francia - Inicio camino depósitos
Distancia: 7,9 km
Desnivel: 130 m
  Altitud mínima 477 m s.n.m. (inicio del cauce)
  Altitud máxima 607 m s.n.m. (cruce de caminos desde Bargas)
Recorrido: Circular

Paseo no adaptado para personas con movilidad reducida.

El paraje conocido como el Aserradero, situado entre el Camino Real de Madrid y el Tajo, se denominaba así por ser el lugar donde se apilaban y aserraban los troncos de pinos transportados gracias a la corriente del río Tajo desde la Serranía de Cuenca. Se encuentra en la parte exterior del último meandro del río antes de llegar a las edificaciones de la ciudad histórica.

El nombre de ese paraje es el que dio nombre al arroyo que desemboca allí, un curso de agua temporal por el que corre el agua únicamente durante los días de tormenta o los periodos especialmente lluviosos. Eso sí, hay días en los que el volumen de agua circulante puede ser extraordinario, como sucedió en la dana del 3 de septiembre de 2023, y que afectó sobremanera a parte de la comarca de la Sagra y zonas aledañas de Toledo ciudad. En poco más de un día cayeron en su cuenca en torno a 119 l/m², de acuerdo a lo registrado en el Observatorio de Toledo, es decir, casi la tercera parte de lo que llueve de media a lo

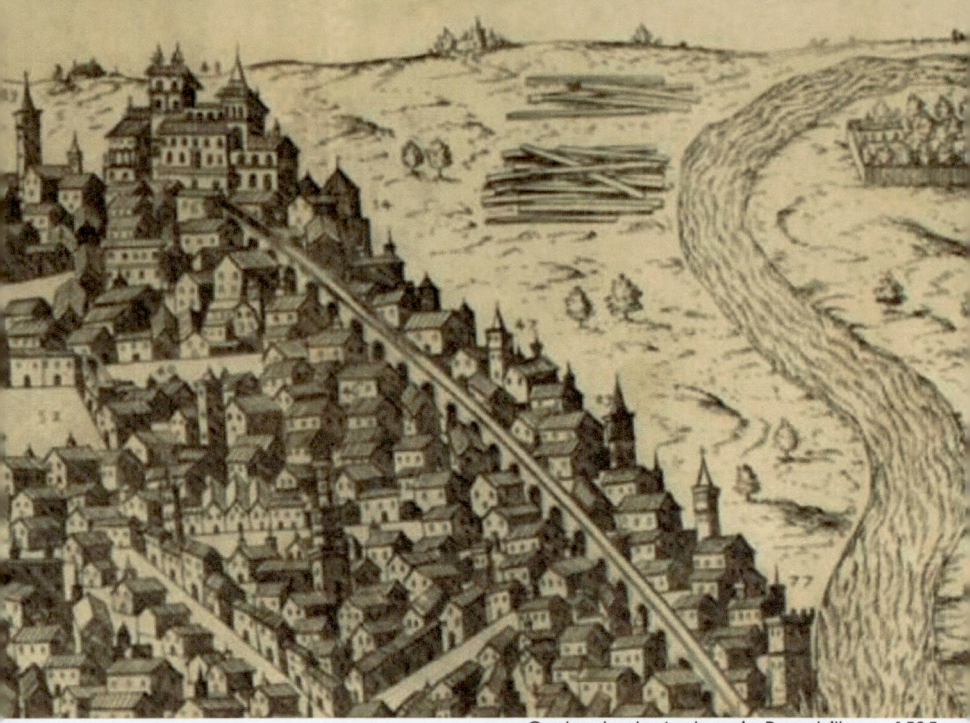

Grabado de Ambrogio Brambilla en 1585

largo de todo un año. Cuando suceden eventos de este tipo la potencia del agua circulante tiene una capacidad erosiva impresionante, siendo capaz de arrastrar paredes laterales del terreno, infraestructuras como tuberías o muros de gaviones, o árboles maduros. Como consecuencia de ello, el lecho cada vez está más bajo con respecto a los terrenos en derredor.

Las crecidas y desbordamientos de los cursos fluviales son eventos recurrentes en la naturaleza y, al parecer, con la emergencia climática actual cada vez serán más frecuentes, ya que las lluvias cada vez más tienen tendencia a concentrarse en pocos momentos anuales. Se tiene noticia, por ejemplo, de que una gran avenida del Tajo en 1567 se llevó por delante todos los troncos acopiados en el Aserradero, el fruto de meses de trabajo y el esfuerzo de los gancheros que los conducían aguas abajo desde los pinares que pueblan el Alto Tajo.

A lo largo de 1,8 kilómetros, el arroyo discurre en paralelo con la autovía A-42. Durante mucho tiempo el curso de las aguas y la vía de comunicación entre Madrid y Toledo han compartido espacio. De hecho, Elías Tormo, en 1931, en un viaje que relata de Madrid a Toledo, publicado en el tomo 99 del Boletín de la Real Academia de la Historia, va haciendo un recorrido y contando lo que hay a lo largo del trayecto. Poco antes de llegar a Toledo indica: "La carretera después de Olías, inicia la bajada, que es por la hondonada del arroyo Aserradero. Se tropieza con el terreno "moderno", diluvial, y coincide con la aparición del arbolado; a la derecha, al kilómetro 65, el monte de Valparaíso, y otro a la izquierda. En la bajada se va a ver Toledo, con su tan pintoresca silueta".

La carretera nacional N-401, primero, y la autovía A-42, después, han constreñido la anchura que de manera natural tenía el lecho del arroyo y han eliminado brazos secundarios y zonas de ensanche de este. La estrechez actual, las entubaciones y canalizaciones hacia el lecho principal y la menor infiltración en la parte superior de la cuenca por construcciones diversas (urbanizaciones,

aparcamientos, centros comerciales, naves industriales, infraestructuras viarias...) han provocado un ahondamiento del cauce y una mayor capacidad erosiva de las aguas circulantes.

Tras este prolegómeno vamos a iniciar nuestra andadura. Desde el punto de partida bajaremos por el camino hasta llegar al curso del arroyo del Aserradero, que seguiremos hacía la izquierda, aguas arriba. Durante todo el trecho que nuestro recorrido va paralelo a la autovía optaremos por seguir por el cauce del arroyo, siempre y cuando esté seco, o por el camino, que corresponde con la vía pecuaria denominada Cordel de Olías. Ambos van zigzagueando y cruzándose periódicamente. Para apreciar mejor el poder erosivo de las aguas y movernos por un entorno algo más natural, es aconsejable ir paseando por el trazado del arroyo. Si preferimos un firme más cómodo y estable lo haremos por el camino, aunque a veces desaparece en su confluencia con el arroyo.

Durante este primer tramo nuestro discurrir se desarrollará, en parte, entre flora espontánea de la zona, como las encinas y las retamas, y en parte bajo las copas de los pinos piñoneros y otras especies que se plantaron siguiendo el recorrido de la vía pecuaria. En muchos sitios a lo largo del trayecto se ven de manera inmejorable los sistemas radicales de muchos árboles y arbustos, algo que difícilmente se puede apreciar a simple vista en cualquier otro lugar y circunstancia, todo ello debido a los cortados y paredones verticales producidos por la erosión de las aguas. Al mismo tiempo aparecerán arquetas y tuberías que corresponden con el colector del Aserradero, una de las infraestructuras que forman parte de la red de alcantarillado de la ciudad de Toledo.

Es reseñable la multitud de plantones que la iniciativa privada ha ido plantando durante los últimos años. Esta loable actividad, fruto de un gran esfuerzo, tiene como

objetivo minimizar la erosión y aumentar la biodiversidad de la zona. Decenas de árboles y arbustos pertenecientes, al menos, a una veintena de especies diferentes, han sido reproducidos, trasplantados y cuidados de manera altruista para un bien común. La mayor parte de ellos se encuentran protegidos por protectores para evitar que se los coman los conejos y por tutores que, por un lado, los guían en su verticalidad y, por otro lado, evitan que sean arrastrados cuando llegan crecidas de agua o tronchados por fuertes vientos.

Cuando llevamos unos 1300 metros desde que iniciamos la andadura por el arroyo, pasaremos a través de una gran alcantarilla —la canalización del arroyo— situada bajo la carretera que se encontrará sobre nuestras cabezas.

Al seguir andando aguas arriba llegará un momento en el que tanto el camino como el cauce se cruzan y, aparentemente, desaparecen, lo que sucede en el momento en el que vemos de frente las diferentes naves

del centro comercial La Abadía. Es el momento de girar a la izquierda. Haremos lo mismo que hasta ahora: o bien seguir por el lecho del cauce o bien pasear por una pequeña senda marcada por el pisoteo que va a su derecha según el sentido que llevamos. Esta última, durante un rato, va paralela a la valla del gran aparcamiento de vialidad invernal. Ambos itinerarios tienen sus ventajas. Si vamos por el lecho del arroyo tendremos la sensación de estar aislados, en un lugar alejado de la civilización y tener el placer de pasear bajo un dosel único de copas de encinas. Si es la senda la que seguimos, podremos ir viendo el paisaje y tener la seguridad de un firme más cómodo y un paseo más iluminado. Hay que tener en cuenta que a la izquierda de nuestro recorrido hay una de las mejores masas de encinar del entorno de Toledo.

En cualquier caso, tanto cauce como senda irán desapareciendo según avanzamos. La senda se difumina y la gran cárcava del cauce se va convirtiendo, poco a poco, en pequeñas grietas en el terreno, ya al nivel del suelo circundante. Seguiremos hasta encontrarnos con un camino que cruza perpendicularmente al trayecto que traemos (esto sucede tras haber recorrido unos 100 metros después de pasar bajo el tendido eléctrico). Lo cogemos y lo seguimos a la izquierda —a la derecha iríamos hacia urbanizaciones del término municipal de Bargas— e inmediatamente, en la bifurcación, continuamos por el ramal de la derecha —el de la izquierda no tiene continuidad—. Tras 300 metros llegaremos a otro cruce y seguiremos a la derecha —dejando el olivar a nuestra izquierda—. En el siguiente cruce iremos a la izquierda, para pasear entre olivares durante un pequeño tramo. Una vez que dejemos atrás los olivares nuestro paseo discurrirá entre dos tierras de cultivos herbáceos de secano, donde destacarán algunos olivos multicentenarios dispersos, testigos de lo que antaño debió estar ocupado por uno de los olivares más antiguos de la zona.

En breve llegaremos a un camino mucho más definido y frecuentado. Si lo cogemos a la izquierda nos llevará inconfundiblemente hasta el destino final de nuestro discurrir —a la derecha se ven las casas de otra urbanización bargueña—. Al final del olivar que llevamos a nuestra derecha encontramos, de nuevo, un cruce. Nosotros seguiremos rectos, olvidándonos del ramal de la derecha. A partir de aquí iremos todo el rato por el camino principal, obviando cualquier otro, que además están señalizados como caminos particulares. El encinar que hemos ido rodeando durante buena parte del itinerario se convierte ahora en dehesa, donde conviven los cultivos agrícolas o barbechos con la presencia puntual y dispersa de vetustas encinas. Además, durante todo este tramo tendremos una vista inigualable de muchos kilómetros a la redonda.

Poco a poco la dehesa dará de nuevo paso al encinar, hasta llegar en breve a los depósitos de agua de Buenavista.

Situados a una cota de 572 m de altitud, son dos depósitos circulares de hormigón armado de 5 000 m³ cada uno y otro rectangular con una capacidad de 20 000 m³, que recibe el agua del "Sistema Picadas". De este último pasa el agua, por vasos comunicantes, a los dos circulares, desde donde se distribuye el agua a buena parte de los barrios toledanos: Buenavista, Vistahermosa, Valparaíso, la Legua, Palomarejos, Avda. Europa y Santa Bárbara (que a su vez se encuentran conectados con los depósitos del Polígono). Los depósitos circulares, al estar a una cota 50 metros por debajo de los del Cerro de los Palos, también reciben por gravedad agua de estos últimos.

Desde los depósitos bajaremos durante 500 metros hasta nuestro punto de partida pisando el único tramo con asfalto por el que habremos pasado a lo largo de la caminata.

02 CAMINO NATURAL DEL TAJO
DEL PUENTE DE ALCÁNTARA AL POLÍGONO

N

Azucaica

Río Tajo

URB. CASA
DE CAMPO

TARAYAL

Río Tajo

OLMEDA

ALAMEDA

ALAMEDA

Río Tajo

Río Tajo

PALACIO DE
GALIANA

ARROYO
DE LA ROSA

PUENTE DE
ALCÁNTARA

SANTA BARBARA

CENTRO COMERCIAL

HOSPITAL

0   500   1000 r

CAMINO NATURAL DEL TAJO
DEL PUENTE DE ALCÁNTARA AL POLÍGONO

Cómo llegar

Recorrido

Punto de partida: Puente de Alcántara (puerta exterior)
Distancia: 8,2 km
Desnivel: 34 m
  Altitud mínima 449 m s.n.m. (bajo el puente de Azarquiel)
  Altitud máxima 483 m s.n.m. (puente sobre las vías férreas)
Recorrido: Lineal

Paseo adaptado para personas con movilidad reducida en casi todo su recorrido.

El paseo discurre por el último tramo de la etapa 21 del Camino Natural del Tajo. Esta etapa, que consta de un total de 31,4 kilómetros, va desde Villamejor (Madrid) hasta Toledo ciudad. El Camino, de casi 800 kilómetros distribuidos en 43 etapas, discurre entre Albarracín, en los Montes Universales, hasta la presa de Cedillo, en la frontera portuguesa. Recorre, por tanto, de este a oeste, las provincias de Teruel, Cuenca, Guadalajara, Madrid, Toledo y Cáceres.

El Camino Natural del Tajo está homologado por la Federación Española de Deportes de Montaña y Escalada (FEDME), constituyendo un sendero de gran recorrido: el GR-113. Sus marcas, dos líneas horizontales paralelas: una línea blanca arriba y una roja abajo, las veremos en todo el trayecto.

El trazado en toda su longitud va lo más cerca posible del río Tajo desde su nacimiento hasta que sus aguas se introducen en Portugal. Forma parte de la Red de Caminos Naturales de España, entramado viario puesto en marcha y gestionado por el Ministerio de Agricultura. El Programa de Caminos Naturales entiende como prioritaria la promoción, valorización y el conocimiento de estos caminos entre la población, reutilizando infraestructuras de transporte, vías pecuarias, plataformas de ferrocarril abandonadas, caminos tradicionales en desuso o abriendo nuevas sendas, y permitiendo a la población acercarse

a la naturaleza y al medio rural en general mediante la práctica del senderismo y del ciclismo.

Iniciamos el paseo en la puerta situada en la parte más externa de la ciudad histórica, en la margen izquierda del río. Esta puerta, de estilo barroco y construida en 1721 bajo el mandato de Felipe V, tiene en su fachada exterior, sobre el hueco, el escudo de armas de Toledo tallado en piedra. En él faltan las cabezas del águila debido al rayo que las segó en la madrugada del 5 de julio de 1820.

A poco más de diez metros de la puerta, yendo hacía el barrio de Santa Bárbara, bajamos por las escaleras que nos llevan a la senda paralela al río. Seguiremos esta senda aguas arriba, sin abandonarla, hasta el final del recorrido, bordeando los últimos meandros del río antes de su llegada a la ciudad imperial. Dejamos el aparcamiento de Azarquiel a la derecha para pasar inmediatamente bajo el puente de Azarquiel —inaugurado el 19 de junio de 1984—. Este nombre se puso en honor al célebre astrónomo toledano que vivió en el siglo XI.

Tras andar un kilómetro estaremos a la altura de la presa o azud de Safont. Desde el mirador veremos en la orilla de enfrente el molino de Safont, de 1843, con los arcos que muestran sus cinco entradas de agua. Y junto a él, a la derecha y mucho más voluminoso, el edificio que se construyó en 1929 para albergar una central hidroeléctrica. Durante este trayecto iremos flanqueados a la derecha de la senda por una alineación de almárcigos (almeces)

plantados en 2017, mientras que, a la izquierda, más próximos al curso de agua, dominan los álamos blancos, prácticamente los únicos componentes de un bosque de ribera casi desaparecido.

Tras bordear los terrenos del paraje conocido como Huerta del Rey nos situamos junto al Palacio de Galiana, monumento declarado Bien de Interés Cultural, cuyo origen se data en el siglo XI y en donde se supone que estaba la residencia de verano del rey Al-Mamún, último soberano musulmán antes de la conquista de Toledo por las tropas de Alfonso VI. Además de las edificaciones, nos llamará la atención el numeroso y bien cuidado conjunto de cipreses del espacio, tanto libres como en la formación de setos.

Un poco más adelante nos encontramos con el arroyo de la Rosa en el momento de su desembocadura. Hasta aquí habremos recorrido algo menos de dos kilómetros y medio. Este pequeño curso fluvial, que ha sido soterrado a su paso por la zona oriental de Santa Bárbara (paseo de don Vicente), lo bordearemos para cruzarlo por el pequeño puente de madera habilitado para ello. En este tramo aún se conserva un pequeño bosquete de olmos comunes, afectados, como la mayoría de los ejemplares de esta especie, por la enfermedad de la grafiosis.

En breve, nuestro andar atravesará por debajo de la autovía A-42. Según avanzamos, iremos viendo a nuestra izquierda una buena muestra de tarayal, formación vegetal compuesta por tarayes, esos pequeños árboles retorcidos, propios de zonas húmedas y terrenos salitrosos. Mientras, a la derecha, zonas de cultivo de regadío: unos

años maíz, otros alfalfa, otros pimientos… Tampoco será raro encontrarnos en este deambular con el rebaño de ovejas que suele pastar por las riberas y los barbechos del entorno.

Tras recorrer 4,5 kilómetros alcanzaremos el puente que cruza el Tajo, por donde se desarrolla el paseo nº 3, el de la Vía Verde Santa Bárbara a Azucaica. Lo cruzamos por debajo, por el arco lateral. Este es el momento de volverse a Santa Bárbara si no se quiere ir hasta al final, hasta el Polígono industrial, y hacer la ruta circular si volvemos a la derecha hacia la ciudad.

Si se desea terminar el paseo planteado, nada más pasar el puente encontraremos, de nuevo, una buena olmeda que actúa de bosque de galería, para dejar al poco rato un transformador de luz a la izquierda del camino. En el interior del siguiente meandro, cuando ya hemos andado casi seis kilómetros, hay un corto ramal que lleva a una pequeña área de descanso que se puede convertir en un buen lugar para el picnic. En frente, al otro lado del

río, se visualizan los edificios del complejo de la Residencia Social Asistida San José. Durante un kilómetro más iremos paralelos al río, con la arboleda de álamos blancos a la izquierda, entre el camino y el agua, y a la derecha con campos de cultivo.

A los 6,8 kilómetros, marcados perfectamente por la señalización del Camino Natural del Tajo, abandonaremos bruscamente las márgenes del río para dirigirnos hacia las naves y construcciones del Polígono industrial. Entre tierras agrícolas, y con un curso canalizado del arroyo de la Fuente del Moro a la derecha, llegamos junto a las vías de tren. En el cruce, una vez que llegamos al camino que discurre en paralelo al trazado del ferrocarril, seguimos rectos, obviando la salida de la izquierda.

Estamos en la parte final del paseo y solo nos queda buscar el paso elevado por el que podremos cruzar al otro lado de la vía férrea. Es el único tramo un poco confuso por los giros que hay que dar, pero no hay ninguna dificultad en seguir el trazado adecuado, pues está bien señalizado. Nada más descender del paso elevado encontraremos la señalética que nos indica que entramos en el Polígono Industrial Santa María de Benquerencia y que hemos recorrido 8,2 kilómetros.

Si seguimos por la acera, inmediatamente nos situamos junto a las tapias de los talleres municipales, después en las dependencias del matadero municipal, donde se encuentra la parada de los autobuses urbanos, y posteriormente en el mercado de mayoristas.

Para volver al origen tenemos varias posibilidades. Volver andando —que puede ser bastante pesado—, haber dejado antes un vehículo aparcado en este punto, quedar con alguien para que nos recoja o coger el autobús urbano, que nos llevará cerca de nuestro punto de partida.

03 VÍA VERDE
SANTA BÁRBARA-AZUCAICA

N

Azucaic

URB. CASA
DE CAMPO

Río Tajo

Río Tajo

PASEO DE
LA ROSA

S CENTRO COMERCIAL

SANTA BARBARA

0   500   1000 m

VÍA VERDE
SANTA BÁRBARA-AZUCAICA

Cómo llegar   *Recorrido*

Punto de partida: Rotonda de la fuente del Paseo de la Rosa
Distancia: 2,2 km / 4,4 km ida y vuelta
                        1,4 km extensión a Azucaica
                        Total: 7,2 km ida y vuelta
Desnivel: 0 m (Trazado prácticamente llano)
Recorrido: Lineal ida y vuelta

Paseo adaptado para personas con movilidad reducida

Partiremos desde las proximidades de la rotonda para iniciar el recorrido por la calzada situada entre naves y construcciones derruidas, hacia las vías de tren. Caminaremos por el paso inferior de las vías del AVE Toledo-Madrid para enlazar, rápidamente, con el recorrido que nos ocupa.

Esta Vía Verde une el barrio de Santa Bárbara con Azucaica, aprovechando parte del trazado de la antigua línea de ferrocarril Toledo-Bargas. Es un tramo adecentado y habilitado para su uso a pie y en bicicleta en el primer trimestre del año 2024, que se hizo posible gracias al acuerdo entre Adif y el Ayuntamiento de Toledo.

Es interesante recordar que Vía Verde es una marca registrada desde 1994 por la Fundación de los Ferrocarriles Españoles, que aglutina a itinerarios que discurren sobre antiguas infraestructuras ferroviarias.

Al inicio encontraremos un cartel donde se refleja la información básica del itinerario y tras recorrer pocos metros pasaremos por debajo de la autovía A-42.

Todo el paseo se desarrolla sobre un firme de tierra compactada, dividido en dos calles separadas por bordillos de madera enterrados. La más estrecha, a modo de acera, de uso exclusivo para personas no motorizadas y la más ancha a compartir con bicicletas o con posibles vehículos de servicio o con autorización especial de paso. La vía férrea, sobre la que se asienta actualmente la infraestructura peatonal, se construyó para enlazar la ciudad con la línea de ferrocarril Madrid-Cáceres-Portugal. La obra quedó incluida en el marco del llamado Plan Guadalhorce. Se abrió el 20 de septiembre de 1938, doce años después de la adjudicación de la construcción de las obras de explanación y fábrica del ferrocarril de Toledo a Bargas. Realmente, la finalización de las obras concluyó en 1932, sin abrirse a la circulación de los trenes hasta que en un informe de 1936 se consideró desfavorable la explotación de la línea.

Sin embargo, en 1938, en plena Guerra Civil y por razones tácticas, se consideró adecuada su apertura. Tras el conflicto bélico se normalizó el transporte tanto de personas como de mercancías, por lo que se mantuvo en funcionamiento. Aunque el número de viajero no era excesivo, por lo que la rentabilidad era dudosa, no sería esto el detonante para el cierre de esta línea, sino causas naturales.

En el punto kilométrico 17,593 Bargas-Toledo, en un desagüe al río Tajo, existía un pontón de hormigón de 10 metros de longitud que se destruyó en una avenida extraordinaria del Tajo ocurrida en 1941. Este fue sustituido por uno metálico provisional de cuatro tramos (dos de 10 metros y otros dos de 11 metros) apoyados en castilletes de traviesas, que corrió la misma suerte que el anterior, pues fue arrastrado por una riada a inicios de 1947.

Este último suceso fue lo que causó la suspensión de los servicios en la línea y su clausura definitiva tras diez años de funcionamiento. Después de varios años de abandono y sin intenciones de su recuperación, Renfe decretó el desmantelamiento de la infraestructura y el levantamiento de las vías en noviembre de 1955, lo que se produjo al año siguiente.

Hay que recordar que, en 1941, con la nacionalización de los ferrocarriles de ancho ibérico (1,668 metros entre las caras internas de los carriles), la línea se incluyó en la red de la Renfe, empresa de transporte ferroviario de reciente creación.

La longitud total era de 18,621 kilómetros, teniendo una parada intermedia en el apeadero de la finca de Higares.

Volviendo de nuevo a la senda actual...
Con un firme compactado la andadura o rodadura son cómodas, sin ningún obstáculo que las dificulte. Únicamente encontraremos bolardos u otros elementos colocados para evitar la circulación de vehículos.

Junto a la acera hay una alineación de árboles a lo largo de todo su discurrir conformada por almeces —en Toledo llamados almárcigos— y perales de Callery —perales ornamentales—. También hay dos puntos de descanso, con bancos, fuente y moreras para acogernos a su sombra. A su paso por las naves, cobertizos y corrales de la explotación agroganadera existente antes del puente sobre el río Tajo, y debido a la mala imagen que presentan, se ha plantado una alineación de tarayes, con la intención de procurar una densa pantalla vegetal que funcione como aislamiento visual entre las edificaciones degradadas y el paseo.

Al mismo tiempo, ese discurrir nos puede ofrecer la posibilidad de ver a las ovejas del recinto, unas veces dentro del redil y otras pastando por el entorno.

Al poco llegaremos al majestuoso puente sobre el río Tajo que hubo que construir para soportar el paso de los trenes. Es un puente de hormigón revestido de cantería de 95 metros de longitud, con tres arcos elípticos de 25 metros bajo los que discurre el agua, y un arco de medio punto de cinco metros en ambos márgenes, junto a los estribos. A través del arco de la margen izquierda discurre el Camino Natural del Tajo, otro de los paseos incluidos en este libro (paseo nº 2).

Tras cruzar el Tajo tendremos a ambos lados del recorrido cultivos agrícolas. Ya en la parte final de la senda, inmediatamente antes de llegar a la carretera CM-4001, veremos las instalaciones del Vivero Educativo Taxus. Estas dependencias, propiedad de la Diputación de Toledo, se empezaron a crear en 1992 y forman parte de las infraestructuras que la administración provincial tiene en la finca de la Vinagra.

Se constituyó como un vivero provincial de especies autóctonas, con la finalidad de facilitar a ayuntamientos, asociaciones y centro educativos de la provincia de Toledo plantas para la reforestación de espacios públicos. Son decenas de miles de árboles y arbustos los que desde entonces han salido de sus puertas para, con el concurso de todos, reverdecer el territorio toledano.

Aquí debemos tomar la decisión de volver o de continuar un tramo más, según ánimos. La senda de la Vía Verde se acaba en este punto, pero podemos completar la jornada acercándonos al barrio de Azucaica.

Para seguir hasta Azucaica no hay pérdida ni un gran trayecto. Al llegar al final del tramo que traíamos bajaremos hasta la calzada para seguirla hacia la derecha. Es el Camino Viejo, que en poco más de un kilómetro finalizará en el núcleo de población de Azucaica.

Tras abandonar las dependencias del Vivero Taxus pasaremos, a nuestra izquierda, junto a la Residencia Social Asistida San José, centro sociosanitario de la Diputación. A su vez, tendremos el río Tajo a nuestra derecha durante un breve trecho. Sin abandonar el camino, alcanzamos rápidamente las primeras casas del barrio.

Sobre nuestros pasos volveremos al punto de partida.

04 FUENTE DEL MORO

FUENTE DEL MORO
SANTA BÁRBARA-POLÍGONO

Cómo llegar   *Recorrido*

Punto de partida: Rotonda acceso al C.C. Luz del Tajo
Distancia: 5 km
6,6 km si se va al mirador del Cerro de la Rosa
Desnivel: 48 m
Altitud mínima 471 m s.n.m. (punto de partida y en el cruce
del arroyo con la Fuente del Moro)
Altitud máxima 519 m s.n.m. (400 m desde el desvío al mirador)
Recorrido: Circular
Paseo no adaptado para personas con movilidad reducida.

Iniciamos el recorrido junto a la rotonda que da acceso al centro comercial Luz del Tajo, la primera gran superficie comercial que se construyó en Toledo, que se inauguró el 28 de septiembre de 2004. Cruzamos la carretera por el paso de cebra para acceder a la zona conocida como la Fuente del Moro. En primer lugar está la barrera que impide el paso de coches, ya que en todo el terreno por donde vamos a deambular existen multitud de caminos, cómodos para andar, pero donde la circulación con vehículos a motor está prohibida, excepto a aquellos autorizados.

Es interesante explicar el posible origen del llamativo nombre del paraje y del paseo que aquí se describe. Según la leyenda, a finales del siglo XI, en la época de la toma de Toledo por Alfonso VI, cuando cristianos y musulmanes guerreaban por conseguir el dominio sobre la ciudad, surgió una historia de amor entre la hija de un capitán cristiano y el emisario del príncipe musulmán que habitaba por estos lares. La cristiana fue asesinada por sus enemigos y cuando el emisario volvió del norte de África y se enteró del suceso se retiró a la zona en la que estamos. Aquí pasó tres días y tres noches llorando la pérdida de su amada, y sus lágrimas generaron un manantial que perdura desde entonces, y que se conocería como la Fuente del Moro.

El espacio por el que vamos a pasear tiene algo más de 20 hectáreas de superficie. En el año 2000, gracias a la intervención del ayuntamiento de Toledo y el permiso del SEPES (propietaria del suelo), se llevó a cabo la última gran intervención del lugar. Ello fue posible con la ejecución del proyecto de "Reforestación y adecuación recreativa del espacio libre Fuente del Moro", llevado a cabo con el objeto de posibilitar el esparcimiento de la ciudadanía de Toledo. Se habilitaron caminos, se hizo un tratamiento selvícola del arbolado existente, se dotó de fuentes y bancos y se hizo una plantación de diversas especies arbóreas y arbustivas. De aquellas plantaciones y otras previas ha quedado una masa desigualmente arbolada de pinos piñoneros, pinos carrascos, cipreses comunes y arizónicas, sin tener en cuenta a las encinas y otras especies autóctonas que vegetan en el lugar por sí mismas.

El parque forestal sobre el que vamos a llevar a cabo nuestra caminata dispone de varios kilómetros de sendas aptas tanto para el senderismo como para las bicicletas de montaña. Es el pulmón verde que une los barrios de Santa María de Benquerencia y el de Santa Bárbara. Su cobertura vegetal variará según en la zona por donde andemos: olivares, espartales o encinares naturales, pinares de repoblación o plantaciones de cipreses comunes o de arizónicas. Si somos observadores también podremos apreciar algunos restos de lo que en la Guerra Civil fueron trincheras, búnkeres o nidos de ametralladoras.

Durante todo el recorrido iremos subiendo y bajando suaves repechos, pero en todo caso desniveles pequeños, que se van adaptando a la sinuosidad del terreno.

Nada más empezar, una vez que hemos cruzado por el paso de cebra y esquivado la barrera, iremos hacia la derecha, en paralelo a la carretera que bordea el parque comercial. Inmediatamente iniciamos el ascenso del primer repecho del paseo, donde destacan los espartos de nuestro entorno, y nada más comenzar el descenso nos encontraremos con los primeros olivos del recorrido. Pronto estaremos cruzando sobre el lecho del arroyo de la Fuente del Moro, curso fluvial que lleva agua en épocas de lluvias continuas o en días de tormentas. Hasta aquí hemos ido más o menos en paralelo a la Luz del Tajo, para continuar durante un rato viendo a nuestra derecha el parque comercial Fusión.

A un kilómetro de nuestra partida empezamos a ver los primeros pinos de repoblación, damos una curva hacia el sur y nos alejamos de la zona comercial que bordeábamos hasta ahora. Aquí encontramos la primera bifurcación y cogemos el ramal de la derecha, que va a cruzar el último tramo de olivar que atravesaremos. Nos servirá de referencia que tras abandonar el olivar pasaremos junto a una torreta de alta tensión situada a la derecha del camino.

En las dos siguientes bifurcaciones, ambas en la zona de pinar, cogeremos el ramal de la derecha. Si hasta ahora veíamos pinos piñoneros y pinos carrascos, tras la segunda bifurcación nos adentraremos en una zona más o menos espesa de cipreses, procedentes de la misma época de repoblación que los anteriores. Aquí podremos distinguir perfectamente las dos variedades del ciprés común, pues se encuentran entremezclados: una con las ramas que crecen en vertical, paralelas al tronco, que forman una copa estrecha, densa y alargada —la forma característica de los ejemplares de cementerios y otros espacios funerarios—; y otra con las ramas que crecen prácticamente en horizontal, desparramadas, formando una copa mucho más ancha y muy poco densa.

Según paseamos entre pinos y cipreses llegamos a un tramo de carretera asfaltada. Hasta este punto habremos andado un poco más de dos kilómetros. Seguimos hacia la izquierda y ascendemos durante unos ciento cincuenta metros por el asfalto. En este tramo, aunque poco transitado, deberemos tener precaución, pues nuestro andar ha de ser compatible con la circulación de vehículos a motor.

Pronto llegamos a un gran puente sobre la autovía CM-42, unión entre el Polígono y Santa Bárbara. Aquí decidiremos si desviarnos momentáneamente o no. Si atravesamos por el puente, tras andar 800 metros nos encontraremos en el mirador del Cerro de la Rosa, ya situado en el barrio de Santa Bárbara, por encima del campo de fútbol. Desde el mirador hay unas espléndidas vistas de Santa Bárbara al oeste, con el fondo del casco histórico de Toledo, y del Tajo y sus vegas al norte.

El Cerro de la Rosa es una "rareza" natural en el entorno de Toledo por su constitución geológica, ya que está

compuesto de rocas y estructuras de una de las grandes unidades peninsulares, poco representada en el resto de la provincia de Toledo: las denominadas "cuencas y cordilleras alpinas", es decir, la "España calcárea", de la que también forman parte los Pirineos, la cordillera Ibérica y las cordilleras Béticas. Las calizas y margas de esta pequeña colina periurbana de Toledo tienen sus orígenes hace unos 75 millones de años, cuando el emplazamiento actual de Toledo eran zonas litorales poco profundas, con clima subtropical, en cuyos lechos marinos se depositaban fangos carbonáticos formados por restos de algas calcáreas y conchas de moluscos, erizos, corales, etc. Estos depósitos se compactaron con el peso de los suprayacentes para formar rocas duras; y quedaron emergidos por el descenso del nivel de los mares y océanos hace unos 65 millones de años. Finalmente fueron fracturados, plegados y se elevaron hasta la altitud actual de la meseta meridional, por efecto de la orogenia alpina (con su momento álgido hace unos 15 millones de años), en la que Europa y África "comprimieron" a la península ibérica.

En la zona del mirador, además, podemos apreciar una obra de arte mucho más actual, la escultura *Fuente-Árbol*, pieza de tres metros de altura, construida con planchas de hierro al cobre y acabada con óxidos naturales, fechada en el 2000 y cuya autoría corresponde al escultor Cruz Marcos.

Para seguir nuestro recorrido debemos desandar este tramo del mirador para situarnos de nuevo al inicio del puente sobre la autovía y continuar por el camino de tierra que irá ascendiendo suavemente durante 400 metros hasta alcanzar la cota más alta del trazado. Al descender encontraremos un cruce, con una pequeña isleta en el centro, donde cogeremos el camino de la derecha. Rápidamente, en la siguiente bifurcación, a la altura de una torreta eléctrica, giramos a la izquierda.

En los tres próximos cruces continuaremos por el camino principal, obviando los que salen en perpendicular a la izquierda. En el caso de coger alguno de estos nos llevarían en un descenso más o menos homogéneo hasta el tramo inicial, cuando discurríamos próximos al centro comercial Fusión. En el tercer cruce, que ya hemos comentado que iremos a la derecha, encontramos un murete de frente, construido para evitar la erosión y el deslizamiento de ladera del cerro situado sobre él. En este punto volvemos a cruzar el arroyo de la Fuente del Moro.

Durante los últimos tramos habremos ido atravesando una mezcla de pinos de repoblación (pinos piñoneros y pinos carrascos) y de encinas que intentan recuperar los dominios perdidos antaño. A partir del arroyo y el murete recorreremos un tramo cubierto de encinar más o menos espeso, el bosque mediterráneo propio de estos terrenos.

El camino principal nos llevará, sin ninguna pérdida, hacia el punto de partida. En un momento dado, este gira a la izquierda para iniciar una bajada continuada (a la derecha hay una valla que delimita la propiedad privada vecina). Desde aquí, en poco más de un kilómetro estaremos en el origen de nuestro discurrir. Según bajamos, en la ladera de la izquierda podremos contemplar pies de olivos abandonados del cultivo hace años, que comparten espacio con los pinos plantados y la vegetación natural que evoluciona en la zona.

Tras un suave giro cruzamos un pequeño cauce que recoge las aguas de parte de la finca de las Nieves, situada aguas arriba. En el cruce que hay a continuación giramos a la izquierda. Al encontrarnos la carretera de frente giramos a la izquierda para bordear la rotonda de acceso a Luz del Tajo y llegar al destino final.

05 LOS ALCÁZARES - CALABAZAS ALTAS

LOS ALCÁZARES-CALABAZAS ALTAS
SANTA MARÍA DE BENQUERENCIA

Cómo llegar

Recorrido

Punto de partida: Parque de los Alcázares
Distancia: 4,1 km / 5,3 si se hace ida y vuelta a depósitos
Desnivel: 56 m
Altitud mínima 504 m s.n.m. (zonas de la senda del Cinturón
                 Verde, paralela a Vía Tarpeya)
Altitud máxima 560 m s.n.m. (encinar al sur de la ruta)
Recorrido: Circular

Paseo no adaptado para personas con movilidad reducida.

Este paseo se desarrolla al sur del barrio más populoso de la ciudad, conocido popularmente como el Polígono. En una ciudad histórica se puede considerar un barrio relativamente nuevo, pues no sería hasta 1964 cuando se iniciaron las obras de urbanización tanto de la zona industrial como residencial. Sin embargo, hasta 1970 no se construyen las primeras viviendas. El nombre actual del barrio aún se haría esperar, pues no fue hasta diciembre de 1978 cuando el Pleno municipal aprobó formalmente denominarlo como Santa María de Benquerencia.

Iniciamos el recorrido en el parque de los Alcázares. Salimos de la zona verde por el paso de cebra que cruza la calle del río Bullaque junto a la rotonda situada al sureste de este espacio. En el centro de la rotonda que dejamos a la izquierda veremos la escultura *Camino...,* obra del artista Francisco López, de cuatro metros de altura y realizada en chapa con textura de acero envejecido.

Continuamos hacia al sur por la acera de la avenida del río Guadarrama. En este corto tramo nos llamará la atención la presencia de fresnos como árboles de alineación, pues es una especie autóctona que de manera natural vegeta en las riberas de los cursos fluviales. Cruzaremos la avenida de Vía Tarpeya por el paso de cebra para situarnos en el trayecto fuera de la zona urbanizada. Cogemos el camino que parte de esta última vía para ir por la derecha unos metros y continuar por la izquierda siguiendo la calzada más ancha y pisoteada, apta para la circulación de vehículos. El paso a estos está limitado a los autorizados, motivo por el que hay una cadena que debemos sortear para pasar andando.

Apenas habremos andado doscientos metros cuando llegamos a una bifurcación. Nuestro camino es el de la izquierda, pero dado que el paseo no es ni demasiado largo ni demasiado duro podemos, opcionalmente, desviarnos un rato por el de la derecha —es un tramo de 1200 metros contando la ida y la vuelta— para ascender hasta los depósitos de agua del Polígono. Estos dos depósitos, situados a 550 metros de altitud, son los que abastecen a todo el barrio, tanto a la zona residencial como a la industrial, con una capacidad de almacenamiento total de 20 000 m^3. Están comunicados con los depósitos de Buenavista y con los del cerro de los Palos.

Ya de vuelta, si hemos realizado esta pequeña escapada, continuamos nuestro camino. Durante todo el recorrido estaremos atravesando manchas de tres especies vegetales extraordinarias, muy fáciles de distinguir entre sí: esparto, retama y encina.

El esparto, o atocha, es de las plantas más abundantes en los alrededores de Toledo. Es una hierba perenne que forma matas densas en zonas secas y áridas, proliferando en áreas casi desérticas. Sus hojas, alargadas y lineares, casi como una aguja de hacer punto, en épocas húmedas permanecen abiertas, mientras que en épocas secas se enrollan; sus bordes se pliegan para crear un microclima favorable y transpirar menos en los momentos de déficit de agua. Además, su forma en macolla —un pequeño plumero— con todas sus hojas muy agrupadas, le proporciona una ventaja adaptativa al reducir la absorción de la radiación solar. Por otro lado, tiene un importante sistema de raíces, fundamentalmente bajo la macolla. De esta manera está protegido del sol y, además, como las hojas conducen el agua de lluvia al interior de la planta, aprovechan la lluvia al máximo.

La retama es un arbusto que rodea todos los barrios de la ciudad, pero que suele pasar desapercibido. Capaz de alcanzar los tres metros de altura, forma matorrales en zonas degradadas de encinar —justo lo que ocurre por aquí—. Por sus características especiales: tallos áfilos (sin hojas), más o menos redondeados y estrechos, grisáceo-blancuzcos, raíces profundas... son capaces de aguantar perfectamente tanto la escasez de agua como los fríos invernales y los calores estivales. Además, les encanta el sol y viven bien en cualquier tipo de suelo. Y, por si fuese poco, como buenas leguminosas, fertilizan el terreno en el que se asientan.

La encina, o carrasca, es el árbol autóctono dominante en los montes que rodean Toledo. Es un prodigio de la naturaleza, una autentica máquina vegetal de fertilizar la tierra. Aun apareciendo en terrenos pobres es capaz de hundir sus raíces a mucha profundidad y extenderlas a decenas de metros. En lugares aparentemente inhóspitos extrae nutrientes y agua, los convierte en hojas, ramas y frutos, que al secarse caen al suelo y fertilizan la tierra. Y esa tierra —ahora fértil— es perfecta para que crezcan otros vegetales, evitar la erosión y facilitar la presencia de numerosas especies animales.

Cuando hemos pasado el primer kilómetro de paseo, sin contar la desviación a los depósitos, según vamos ascendiendo llegamos a un cruce. A la derecha una pequeña casa de labor abandonada y a la izquierda unos cuantos almendros y unos chamizos destartalados ligados a esta pequeña explotación agrícola. Seguimos rectos, en la dirección que traíamos, pues estos dos ramales laterales no tienen continuidad. Poco a poco el camino se va estrechando. En la siguiente bifurcación, unos doscientos metros más adelante, continuamos rectos, sin hacer caso a la senda que sale por la derecha.

Medio kilómetro más adelante, cuando nos adentramos en la zona más densa de encinar, llegamos a una senda perpendicular a la que traemos. Nos desviamos a la derecha, pues a la izquierda toparíamos a poca distancia con la valla que delimita la finca de las Nieves. Nuestro recorrido se realiza por la finca denominada Calabazas Altas.

Durante este tramo de ligera bajada podremos ver, a la izquierda, en la parte más alta, la atalaya de las Nieves. Es una construcción militar de origen árabe datada en el siglo X, que tenía como finalidad la vigilancia del entorno. La torre tiene cuatro metros y medio de diámetro y diez de alto. La posición privilegiada de la construcción también se tuvo en cuenta durante la guerra civil española, por lo que su entorno estaba fuertemente fortificado. A ello se debe que existan restos de numerosas trincheras en derredor.

Entre encinas, retamas, espartos y cantuesos, entre otros, vamos a ir descendiendo suavemente. No será difícil, si estamos pendientes, que salgan a nuestro paso los conejos o que vuelen sobre nuestras cabezas las palomas torcaces. Continuamos bajando, con la vista del Polígono residencial ante nuestros ojos, donde destacan sobremanera los pabellones del Hospital Universitario de Toledo, pues vamos a llegar muy próximos a ellos. En este tramo no haremos caso a ninguna pequeña trocha que pueda salir a los lados.

Cuando llegamos a un carril definido, próximo y paralelo a la avenida Vía Tarpeya, nos desviamos a la derecha para volver hacia nuestro punto de partida. A lo largo de un kilómetro nuestro discurrir se realizará por este tramo, que es parte del Cinturón Verde que rodea por el sureste a la zona residencial del Polígono. Los últimos metros del paseo, los que se desarrollan por la zona urbanizada, los realizaremos por el mismo trayecto de partida.

06 VUELTA AL VALLE

N

Toledo

PUENTE D
ALCÁNTAR

PUENTE DE
SAN MARTÍN

Río Tajo

PASEO DE CABESTREROS

CASCO

BARCA
PASAJE

Río Tajo

ARROYO D
DEGOLLA

ARROYO DE
LA CABEZA

URB. POZUELA
LA CERCA

0   500   1000

VUELTA AL VALLE
CASCO-VALLE

Cómo llegar

Recorrido

Punto de partida: Barca de Pasaje (Paseo del Barco Pasaje)
Distancia: 6,3 km
Desnivel: 80 m
  Altitud mínima 446 m s.n.m. (punto de partida del paseo)
  Altitud máxima 526 m s.n.m. (mirador del Valle, al poco de
                             pasar la ermita y el bar)
Recorrido: Circular
Paseo adaptado para personas con movilidad reducida en gran parte del recorrido, no en todo.

Estamos ante el paseo toledano por antonomasia. La Vuelta al Valle, con la infinidad de alternativas que presenta, pues hay tantos accesos y salidas como uno quiera, es el recorrido preferido por los toledanos y visitantes para hacer ejercicio y disfrutar de la maravillosa vista de la ciudad histórica abrazada por el Tajo.

En nuestro caso, iniciaremos la andadura junto al río y a la Barca de Pasaje. Como todo el recorrido, el punto de partida atesora multitud de atractivos. La barca es la heredera de la que durante siglos conectaba ambas márgenes del río, para acercar el acceso a la zona del Valle —tras una subida zigzagueante— y a los restos de los molinos harineros de Saelices, situados aguas abajo en la margen izquierda del río. En la estructura de los molinos que permanece en pie aún quedan restos de las antiguas turbinas de la central hidroeléctrica que funcionó hasta los años 60 en lo que en su momento eran los restos de las edificaciones del complejo molinero.

La Casa del Diamantista es donde según la leyenda vivió y trabajó el orfebre José Navarro, que en 1833 recibió el encargo de elaborar la corona de Isabel II, la futura reina de España. Su fama era reconocida y doña María Cristina, reina regente y madre de Isabel II, quiso que fuese él quien elaborase la joya que llevaría su hija en la cercana coronación. El artista, tras el paso de los días, se sumió en una crisis porque no era capaz de confeccionar la obra de arte que la ocasión requería. La inspiración no llegaba y la fecha de entrega se acercaba. Una mañana, al despertarse, vio en su cuaderno un boceto de la corona más bonita jamás vista. A las mañanas siguientes las piezas iban apareciendo engarzadas y la joya iba tomando cuerpo, pero... no era el orfebre quien lo hacía. Haciéndose el dormido pudo comprobar como una especie de duendecillos hacían la labor que a él no le salía, acabando el magnífico trabajo la víspera de la fecha de entrega comprometida. En la actualidad la Casa del Diamantista es un espacio institucional y expositivo de la Confederación Hidrográfica del Tajo.

En la misma plaza podremos observar, también, la Torre del Hierro, construida en el siglo XII. Tras perder su misión defensiva se convirtió en lugar de control de la mercancía que entraba en la ciudad y donde se cobraban peajes e impuestos.

Abandonamos la plaza para iniciar la andadura por las escaleras que ascienden hasta la plaza del Andaque, para girar a la derecha por el callejón del Capricho y salir por la derecha para coger la Senda Ecológica y seguir por esta aguas arriba. La senda discurre a media ladera entre el paseo de Cabestreros en la parte superior y el río Tajo en la inferior. En breve, al otro lado del río, podremos observar la desembocadura del arroyo de la Degollada y el pequeño "delta" que formaron los depósitos de tierras y piedras que arrastraron sus aguas con motivo de la extraordinaria dana acontecida el 1 de septiembre de 2021.

Tras recorrer 800 metros llegamos al Puente Nuevo de Alcántara, inaugurado en 1933, construido para facilitar el tráfico rodado en torno a la ciudad, descongestionar el tráfico por la Puerta de Bisagra y evitar el deterioro del puente romano de Alcántara. Justo antes del puente habremos visto una pequeña área recreativa situada encima de los restos de la coracha de Doce Cantos. Por cierto, las corachas son líneas fortificadas perpendiculares al recinto amurallado.

Cruzamos el puente por la pasarela peatonal que se añadió en 2024 y giramos a la derecha, para dirigirnos a la zona del Valle por la acera paralela a la carretera. Ahora nuestro discurrir se desarrolla por la margen izquierda del río. A pocos metros de este giro vemos entre el roquedo, a la izquierda de la carretera, la base de uno de los arcos del acueducto romano del siglo I que traía aguas desde Mazarambroz hasta Toledo, tras un recorrido de 45 kilómetros.

Durante todo el rato que vayamos por la margen izquierda del río apreciaremos la gran diferencia de las laderas bajo el peñón toledano y las del entorno del Valle, es decir, a un lado y a otro del río. Las que circundan al caserío del casco histórico son prácticamente lisas, casi una línea recta que uniría las calzadas más exteriores de la ciudad con las orillas del río. Esto se debe a que durante siglos fueron los lugares donde se depositaban los escombros de todo lo que se generaba en el entramado urbano. Son, por lo tanto, taludes artificiales, inestables, compuestos por escombros históricos. Sin embargo, en la otra margen —por donde ahora vamos— son taludes naturales, donde se aprecian las irregularidades que forman los roquedos de granitos y gneises, y una cubierta vegetal, deteriorada, pero que nos recuerda las formaciones vegetales que tapizaban antaño esos terrenos.

A un kilómetro y medio del punto de partida estaremos cruzando por el puente de la Degollada, sobre el arroyo

del mismo nombre. A continuación, pasamos junto al área recreativa habilitada con motivo de la creación de la Ruta de Don Quijote. En este tramo se solapa parte de esta ruta con el Camino de Santiago de Levante, señalizado como GR-239 y que tiene su origen en Valencia y destino en Santiago de Compostela.

Continuamos ascendiendo lentamente hasta que a la derecha hay un hueco en el pretil que, en caso de cogerlo, nos dirigiría a un camino en zigzag que va hasta la Barca de Pasaje y que también nos permite el acceso al yacimiento arqueológico situado en el cerro del Bú. Si nos acercáramos al cerro podríamos apreciar muestras tanto del asentamiento de la Edad del Bronce como de la Edad del Hierro, así como de la fortificación islámica situada en la parte superior.

Sin dejar la acera que traemos llegamos pronto a la ermita del Valle, justo después de pasar por la pasarela construida para facilitar el acceso a esta y de ver en la parte baja del edificio hostelero un magnífico almárcigo (almez). El árbol, nacido espontáneamente en este lugar, es uno de los más longevos de Toledo, pues ya aparece en algunas fotografías de mediados del siglo XIX. Hasta aquí habremos recorrido los dos primeros kilómetros de paseo.

La ermita del Valle, que acoge a la imagen de Ntra. Sra. del Valle, fue construida en el siglo XVII sobre los cimientos de otro edificio religioso. La romería en su honor, que se celebra cada 1 de mayo, es la más populosa de la ciudad, congregando a miles de personas tanto en ese día como en la víspera. En sus orígenes se celebraba el 1 de agosto, pero en 1631 se decidió cambiarla de fecha para evitar el intenso calor veraniego y los problemas ocasionados por la exposición al sol durante horas.
Al poco de pasar la ermita y la terraza bar estaremos en el punto más alto del recorrido y el más demandado

para observar la ciudad histórica. Es el lugar donde los guías de turismo procuran traer a los visitantes para llevar a cabo lo que denominan "la panorámica", pues es en este lugar donde juntan a buena parte de los turistas para que retraten esta vista única e irrepetible. No en vano, por estas escenas es por lo que la Oficina de Congresos y Convention Bureau de Japón galardonó a la ciudad en 2022 como la panorámica nocturna más bonita del mundo.

Desde aquí es un lento descender hasta nuestro punto de partida.

En un rato dejaremos al otro lado de la acera otra de las áreas de descanso que se construyeron en 2005 con motivo de la apertura pública de la Ruta del Quijote, pues por aquí pasan parte del trazado de los tramos 1 (de Toledo a San Clemente, por El Toboso y Belmonte) y 8 (de Almagro a Toledo, por Ciudad Real y Consuegra).

Después de un buen rato de ir por una zona sin construcciones surgen de nuevo las edificaciones de los cigarrales. Justo al llegar a la primera edificación, a la derecha, aparece un camino que tras un agradable paseo nos conduciría a las orillas del río, a los restos del molino de Romaila la Nueva.

Dejando al lado este desvío —ya haremos esta bajada en otra ocasión— continuamos por la acera para pasar a continuación en frente de un hotel y del cruce de la carretera que va al Parador Nacional y a Cobisa. Es aquí cuando por debajo de la carretera discurren las aguas del arroyo de la Cabeza, también conocido como arroyo de la Pozuela. También aquí es donde tiene el punto de partida el paseo nº 7, de Pozuela a Cobisa por el Camino Viejo.

Cuando lleguemos a la rotonda donde confluyen la calzada que traemos con la carretera CM-4013 (la que va

al Cerro de los Palos) habremos andado cuatro kilómetros. Seguimos bajando y a la altura de la Venta del Alma continuamos por la calle Cerro de la Cruz, que baja paralela a la carretera pero que es mucho más tranquila pues prácticamente no tiene tráfico rodado —desde ese desvío también parte una calle empinada que tiene su fin en la ermita de la Virgen de la Cabeza, en lo alto del cerro del mismo nombre—.

Al poco de la salida de la calle podremos ver un mural en azulejería que nos indica que estamos en el punto de partida del Camino de Guadalupe en su trazado de Toledo a Guadalupe por los Montes de Toledo.

Llegamos al Puente de San Martín y cruzamos el río, para situarnos, de nuevo, en la margen derecha del río. Este puente, de cinco ojos y de origen medieval, se restauró por iniciativa del arzobispo de Toledo Pedro Tenorio, a finales del siglo XIV.

Al salir del puente, ya en la zona del casco histórico de Toledo, pasamos junto a la lanzadera de la tirolina y

cogemos el paseo de Recaredo a la izquierda para poder bajar por las escaleras que nos llevarán, de nuevo, a la Senda Ecológica del Tajo. Nada más descender las escaleras nos encontramos con la señalética que nos indica que este trazado coincide con el Camino Natural del Tajo (GR-113).

Al acceder a la senda giramos a la izquierda, para pasar por debajo del Puente de San Martín y, a continuación, junto al molino de Santa Ana (aquí llevaremos cinco kilómetros de recorrido). Hasta nuestro destino no perderemos la senda que nos lleva aguas arriba hasta la Barca de Pasaje, origen del paseo.

En apenas doscientos metros, si giramos la cabeza hacia arriba, en lo alto del talud veremos la roca Tarpeya, un imponente roqueo sobre el que se asientan las edificaciones que albergan la Real Fundación de Toledo.

En breve llegaremos a la plataforma que en su momento albergó un almacén de piraguas, desde donde podremos ver en medio del cauce del río los restos de los molinos de Daicán.

Desde aquí azudes, molinos y plataformas de pescadores se van alternando a lo largo del parque fluvial. A un lado y a otro irán apareciendo esculturas de diferentes autores y materiales que conforman un auténtico museo abierto y al aire libre, generado por el tesón del artista local Jule y el apoyo del ayuntamiento de la ciudad.

Continuamos por la zona ajardinada hasta que el graznar de las ocas nos indique que estamos llegando a nuestro destino.

07 CAMINO VIEJO DE POZUELA A COBISA

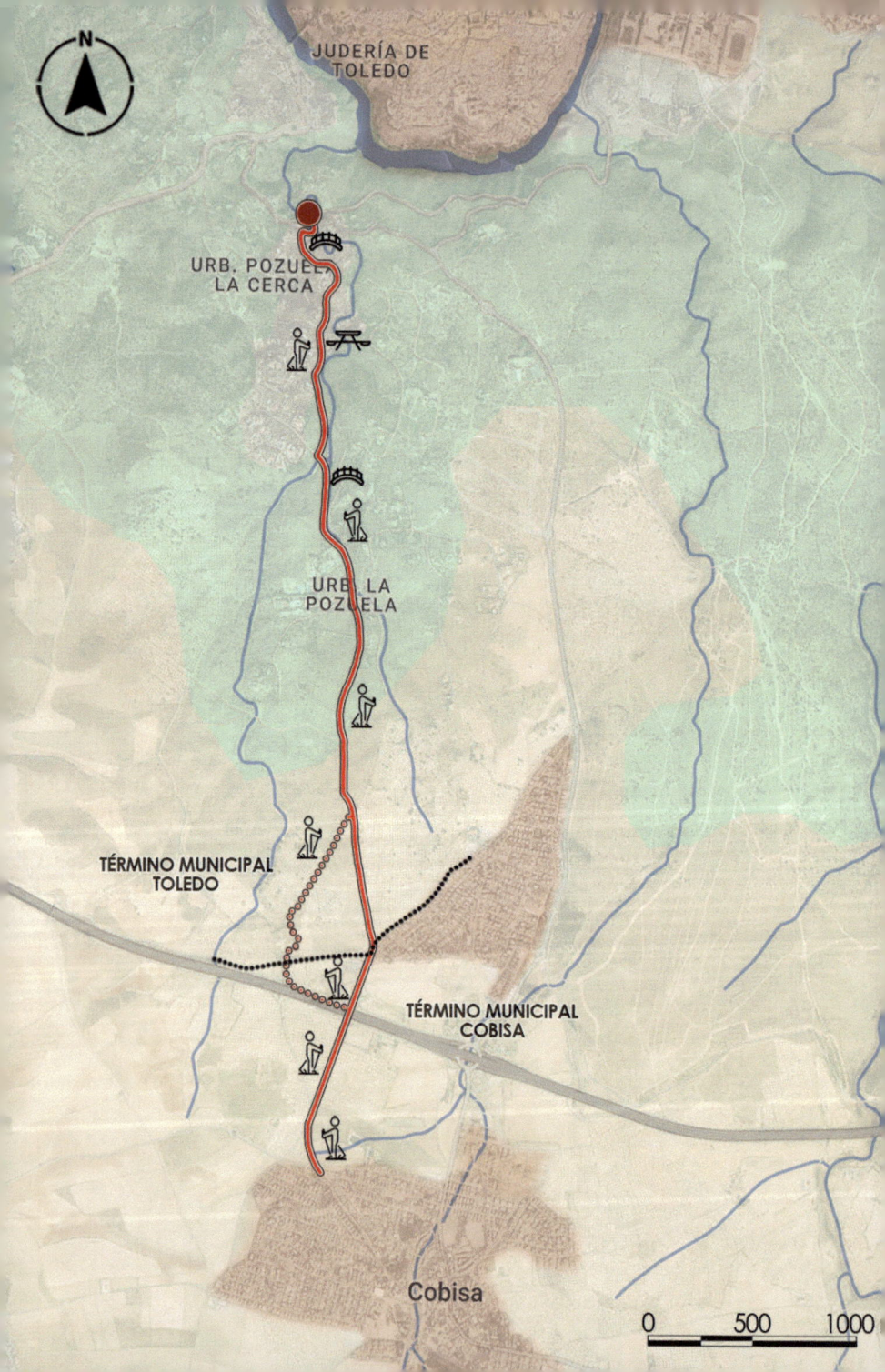

JUDERÍA DE
TOLEDO

URB. POZUELA
LA CERCA

URB. LA
POZUELA

TÉRMINO MUNICIPAL
TOLEDO

TÉRMINO MUNICIPAL
COBISA

Cobisa

0   500   1000

CAMINO VIEJO POZUELA-COBISA
URBANIZACIÓN POZUELA-COBISA

Cómo llegar

Recorrido

Punto de partida: Desvío hacia el Parador en la Ronda del Valle, junto al hotel Los Cigarrales
Distancia: 4,8 km / 9,6 km ida y vuelta
Desnivel: 168 m
  Altitud mínima 507 m s.n.m. (punto de partida del paseo)
  Altitud máxima 675 m s.n.m. (men el cruce del camino con la autovía Ronda Suroeste de Toledo)
Recorrido: Lineal ida y vuelta
Paseo no adaptado para personas con movilidad reducida.

Casi en el mismo punto en el que de la carretera que circunvala al Valle sale la carretera hacia el Parador Nacional y Cobisa, entre una valla de madera y una casa, parte nuestro camino, que nos dirigirá al sur. Se observan varias señales que nos indican que vamos a coger parte de uno de los trazados de la Ruta de Don Quijote.

La Ruta de Don Quijote se instauró en 2005 como uno de los principales atractivos para celebrar el IV centenario de la publicación de la primera parte del Quijote. Pretende simular el recorrido que el caballero universal llevó a cabo en sus andanzas junto a Sancho. Realmente no es un único camino, sino que se compone de una multitud de trazados que discurren por las cinco provincias castellanomanchegas, a través de unos 148 municipios, hasta hacer un total de 2500 kilómetros. En su conjunto está constituida por caminos históricos, vías pecuarias, riberas y otras pistas, intentando evitar las calzadas asfaltadas.

El trazado que vamos a recorrer, hasta la localidad vecina de Cobisa, forma parte de la primera etapa del Tramo 1, que es el que tras 501 kilómetros une Toledo con San Clemente (Cuenca). Esta etapa, si la quisiésemos hacer entera, finaliza en Mora, con una longitud de 45 kilómetros.

A los pocos metros de iniciar el paseo encontramos una pequeña área estancial junto al arroyo de la Cabeza, curso fluvial que desemboca en el Tajo a los pies del cerro y la ermita del mismo nombre. Cruzamos el arroyo por el puente y rápidamente cogemos la estrecha y corta senda hormigonada que asciende a nuestra izquierda para llevarnos a la carretera de la Pozuela. A partir de aquí, durante unos dos kilómetros deberemos tener especial cuidado, pues nuestro andar se hará por el arcén izquierdo de la carretera, compartiendo espacio con los vehículos que van y vienen a los diferentes cigarrales del entorno.

A lo largo del recorrido veremos balizas y señales de la Ruta del Quijote. En algunos postes observaremos unas placas que indican que es "itinerario cultural europeo". Esto es una verdad a medias. Esta distinción se otorgó por el Consejo de Europa en 2007, reconociendo el importante valor cultural y las características históricas y semánticas del corredor ecoturístico. Sin embargo, en la evaluación de 2011-2012 se retiró de la lista por incumplimiento de algunas de las reglas de concesión.

En un kilómetro estaremos en el área recreativa creada en su momento como uno de los complementos de la Ruta del Quijote, con mesas y bancos, dominada por una destacable morera. A pesar de encontrarnos en zona urbana, realmente disfrutamos de un paseo seminatural, pues a la izquierda llevamos permanentemente al arroyo de la Cabeza y podemos apreciar la vegetación natural tanto de la vaguada como de todas las laderas próximas que están sin urbanizar.

A unos trescientos metros del punto anterior cruzaremos sobre el arroyo de la Cabeza. Aunque la mayor parte del año está seco, en algunos momentos de intensas precipitaciones ha vivido grandes crecidas, capaces de erosionar el terreno y arrastrar materiales voluminosos y pesados.

Continuamos por el asfalto, sin desviarnos por ningún ramal lateral, hasta que llegamos a un cruce múltiple. Hasta aquí habremos recorrido dos kilómetros. En este punto seguimos recto, por el Camino Viejo de Cobisa, abandonando la carretera asfaltada, que dejaremos a la derecha, pisando por un camino de tierra definido y compactado, aunque con grietas y pequeñas cárcavas en algunos tramos.

Es interesante conocer que en todo este recorrido confluyen tres grandes vías de comunicación, unas más tradicionales y otras más modernas. Sobre el Camino Viejo discurre la

Ruta del Quijote, pero también se solapa el trazado del Camino del Sureste del Camino de Santiago. No en balde es la forma más directa de llegar a Toledo desde el sur. El Camino del Sureste tiene su origen en Alicante y acaba, tras más de 1000 kilómetros, en Santiago de Compostela. Por ello, podemos ver todo tipo de señalética, con una u otra denominación, pero todas ellas nos conducen hacia Cobisa.

Todo el paseo es un lento y suave ascender. Tras abandonar los últimos cercados de cigarrales atravesaremos terrenos que antaño estaban cubiertos por la flora propia del monte mediterráneo, donde la especie dominante sería la encina. Tomillos, cantuesos, espartos, retamas y encinas se irán alternando a nuestra vista, a veces jugueteando con los preciosos afloramientos rocosos que delatan a los granitos y gneises que conforman la base de este territorio. Además, a lo largo del camino y a ambos lados, no

dejaremos de ver un salpicado de almeces, árboles que se plantaron en su momento flanqueando la Ruta del Quijote y que malviven desde entonces.

A poco más de tres kilómetros desde la partida llegamos a una zona de olivares, los primeros cultivos agrícolas del paseo. Estos olivares, de la variedad cornicabra, se encuentran en la amplia zona de producción amparada por la Denominación de Origen Montes de Toledo, que se extiende por buena parte de las provincias de Toledo y de Ciudad Real.

En un rato, tras algo más de medio kilómetro de bordear olivares, alcanzamos de nuevo una calle asfaltada (camino Carretillero): síntoma de que hemos llegado a la parte trasera de una de las urbanizaciones cobiseñas. Tomamos la calzada a la derecha e intentamos ir por el trazado

pintado en rojo, exclusivo para peatones, delimitado así para intentar visualizar y compatibilizar el uso de los viandantes y de los vehículos. En pocos metros este trazado conecta con las aceras, por donde continuaremos.

En breve, y a solo cuatro kilómetros de nuestro punto de partida inicial, cruzamos sobre la Ronda Suroeste, autovía autonómica de 23,3 kilómetros que se inauguró en noviembre de 2010 (*Aquí, para volver a Toledo, podremos coger un camino alternativo que describimos al final del texto de este paseo). A partir de este punto continuaremos por el único tramo prácticamente llano de todo el trazado. Es una calle pavimentada, muy utilizada por la población local, donde se define y se distingue perfectamente la calzada destinada al tráfico rodado de la vía peatonal. La alineación de almárcigos a ambos lados y los olivares del entorno hacen de este tramo un paseo muy agradable.

En la bifurcación siguiente cogemos el trazado de la izquierda, que sigue con la alineación de almárcigos. Llegamos a un cruce que tomaremos como punto final del paseo, pues estamos a las puertas de Cobisa. En frente tenemos una pequeña zona ajardinada y a la izquierda la acera se adentra en el núcleo de población. Si queremos podemos aprovechar la fuente de agua potable que está en esta acera a unos treinta metros del punto donde hemos dejado el final de nuestro trayecto.

La carretera a la que hemos llegado, TO-3210, es la que, en menos de dos kilómetros a la derecha, nos conduce a Argés.

A partir de aquí volvemos sobre nuestros pasos hasta el punto de partida, en una permanente bajada que nos permitirá observar unos paisajes que, posiblemente, no hubiésemos apreciado en la subida. Según vayamos acercándonos al final disfrutaremos de unas preciosas vistas del casco histórico toledano, que emerge tras el torno del Tajo y se visualiza sobre los perfiles y las casas de los cigarrales de la zona de la Pozuela.

Camino opcional. De vuelta podremos tomar durante un tramo un camino alternativo. Este trazado es altamente recomendable para quien quiera salir del entorno más humanizado y discurrir por un entorno más natural, más bonito. Una vez que a la ida lleguemos al puente que cruza la Ronda Suroeste no cruzaremos, sino que cogeremos la vía de servicio que sale a la derecha, paralela a la autovía. Descendemos por el asfalto durante un tramo, hasta que llegamos en la parte más baja al primer y único cruce. En nuestro caso cogeremos el camino de tierra que sale hacia la derecha (a la izquierda la calzada pasará bajo la autovía y de frente seguirá paralela a esta). Rápidamente pasaremos junto a una de las pocas olmedas que hoy día se pueden ver de olmo común —o álamo negro, como llaman a la especie buena parte de la población local—. Después de bordear una parcela, nuestro discurrir se desarrollará entre zonas de cultivo de secano, terrenos no cultivados y olivares, primero por camino hasta que se transforma en una senda estrecha muy marcada por el paso habitual de peatones y ciclistas. Enlazaremos con el trazado que habíamos traído justo en el momento en el que indicábamos que empezaban los primeros olivares que veíamos desde que habíamos iniciado el paseo. A partir de aquí, a la izquierda, todo de bajada.

08 SAN MARTÍN-LA BASTIDA

CIGARRAL SANTO
ÁNGEL CUSTODIO

CTRA. DE MONTALBÁN

CTRA. NAVALPINO

CTRA. NAVALPINO

Río Tajo

Río Tajo

AV. DE BARBER

AV. CARLOS III

AV. DE LA CAVA

PUENTE DE LA CAVA

PUENTE DE SAN MARTÍN

ERMITA NUESTRA
SRA. DE LA BASTIDA

ERMITA DE SAN
JERÓNIMO

CTRA. DE PIEDRABUENA

N

0   500   1000 r

SAN MARTÍN-LA BASTIDA
BARRIO SAN MARTÍN -
PARQUE FORESTAL LA BASTIDA

Cómo llegar   **Recorrido**

Punto de partida: Callejón de la Bastida, en el paso de cebra
próximo al puente de la Cava
Distancia: 3,9 km / 5,9 km con los tramos optativos
Desnivel: 122 m
Altitud mínima 443 m s.n.m. (en el punto de partida)
Altitud máxima 565 m s.n.m. (en el desvío tras pasar la ermita
de la Bastida)
Recorrido: Circular
Paseo no adaptado para personas con movilidad reducida.

El barrio de San Martín, que en parte ocupa el espacio que antaño constituía el barrio de la Solanilla, debe su nombre al Puente de San Martín, viaducto medieval que une el caserío con el casco histórico toledano. Durante siglos —el puente actual se restauró hacia 1390— fue una de las principales vías de acceso a la ciudad de Toledo, especialmente para la población y las mercancías que venían del suroeste, sobre todo de los Montes de Toledo, comarca que durante siglos perteneció a la ciudad.

El origen del barrio es de mediados del siglo XIX, si bien su crecimiento se produjo a partir de la década de los 40 del siglo XX. El cualquier caso, es un barrio de una reducida densidad poblacional y cuya extensión está limitada por la carretera, el río, los cigarrales y la abrupta orografía. Limita con el río Tajo al noreste, mientras que al sur está rodeado por un conjunto de cigarrales.

El inicio del paseo lo realizamos por el callejón de la Bastida, justo en frente del Mirador de la Cava, el pequeño parque con juegos infantiles y zonas estanciales que se inauguró en marzo de 2009 y que está dominado por la escultura de hierro al cobre *Flor de la Cava*, de Cruz Marcos. Ascendemos por la calle y pasamos por unas pocas casas para llegar rápidamente, y tras avanzar 250 metros, al final del caserío.

Para llegar aquí podemos tomar una salida alternativa por la calle de San Jerónimo, cuesta que parte casi en frente del puente de San Martín. Es un tramo muy empinado en primer lugar y muy abrupto a continuación, en la bajada. Al ascender por la calle llegamos en breve a la pista polideportiva, que bordearemos para descender por un reguero encajonado entre los muros de los cigarrales. Eso sí, antes de bordear la pista de deportes es recomendable acercarse y asomarse a la ermita de San Jerónimo.

Esta capilla fue fundada en el año 1611 por Jerónimo de Miranda, canónigo de la Catedral que la puso bajo la advocación que llevaba su nombre. En 1845 se realizó una importante restauración debido a la situación de ruina en la que se encontraba y 25 años más tarde robaron la imagen del santo, por lo que hubo que reponerla por otra, que es la actual. Su romería se celebra el fin de semana más próximo al 30 de septiembre.

En la planicie entre la pista y los muros cigarraleros podemos encontrar uno de los mejores grupos de zumaques del entorno toledano. Estos arbustos proceden de restos de plantaciones que siglos atrás se hacían, próximas a las tenerías, para aprovechar sus propiedades curtientes y tintóreas. Del polvo obtenido de las hojas y ramillas desecadas y molidas se obtenían pieles suaves, flexibles y claras. Por otro lado, las hojas y tallos jóvenes tiñen de amarillo verdoso, los frutos de marrón, negro o gris en sus diferentes tonalidades y la corteza de la raíz tiñe de rojizo. Recomendable pasar por ahí en otoño, cuando sus hojas antes de la caída se tornan de un rojo intenso llamativo.

Después del paréntesis histórico-natural bajamos por el reguero sorteando las plantas que crecen de manera densa y libre por este tramo, para llegar al punto de encuentro con el trazado que hemos planteado como opción principal.

Desde aquí, entre muros de cigarrales a izquierda y derecha, vamos ascendiendo lentamente. El asfalto inicial se transforma en hormigón, para dar poco a poco con una solera descarnada y continuar, a partir del cigarral de Villa Marta, por un firme rocoso y terroso, intransitable para coches: un tramo que nos recuerda el trazado de

un antiguo camino, pero que hoy día guarda una gran belleza y naturalidad. Cañahejas, ombligos de Venus o hinojos, entre otras herbáceas, comparten espacios con almendros silvestres, retamas o almárcigos.

El trazado se estrecha hasta convertirse en una senda que obliga a ir en fila india. Después de un rato encajonados llegamos, de nuevo, a un tramo pavimentado, pues son calles de acceso a los cigarrales de la parte alta, de la zona de la Bastida. Al poco, sin desviarnos del trazado que traemos, dejamos a nuestra derecha el muro de la última construcción, justo en el cambio de rasante. Hemos llegado a una de las repoblaciones de pinos carrascos que se llevaron a cabo en la zona durante la segunda mitad del siglo XX.

Este es el momento de, opcionalmente, desviarnos un momento a un mirador donde se encuentra un monolito de granito erigido como homenaje de los sefardíes a sus mayores. Tanto el monumento como la plantación del pinar datan de 1979. Aquí daremos la vuelta para volver sobre nuestros pasos hasta conectar de nuevo con el camino principal.

En este tramo de ida y vuelta, de apenas 800 metros de longitud (ida y vuelta incluida), podremos observar la evolución del paisaje vegetal. En los huecos o manchas donde los pinos no han prosperado o son muy escasos la vegetación dominante es el espartal o atochar. Los espartos constituían la cobertura vegetal que tapizaba casi en su totalidad estos terrenos, totalmente desarbolados con anterioridad a la forestación llevada a cabo por el extinto Icona. No aguantan la competencia de los árboles por la luz ni por los nutrientes del suelo, por lo que acaban desapareciendo según va dominando la cobertura arbórea.

Tras la vuelta a nuestro camino nos dejamos caer hasta llegar a la carretera. En este punto tenemos dos opciones para llegar al pinar de la Bastida: o bien atravesar el asfalto o bien cruzar por debajo de la calzada a través de la alcantarilla para evitar riesgos innecesarios.

Ya en la entrada de la Bastida nuestro discurrir nos lleva hacia la ermita. Este pinar también es de repoblación. Sobre un monte totalmente desarbolado se plantaron en un primer momento, en 1954, 30 000 pinos carrascos. Tras el paso de la borrasca Filomena —en torno al día de Reyes de 2021—, y debido a la intensa nevada que acumuló más de medio metro de espesor, se perdió una buena parte de todo el arbolado que cubría el lugar.

Parada obligatoria es la ermita de la Bastida, aunque no siempre está abierta y accesible al público. Aquí encontramos, entre otros, el propio edificio religioso, que data de mediados del siglo XVI (aunque tiene orígenes en el XIII) y donde se encuentra la Virgen de la Bastida, talla realizada en 1941 para sustituir a la antigua; la cueva de la beata Mariana de Jesús, donde la religiosa se retiraba para orar y hacer penitencia a finales del XVI y principios del XVII; y un magnífico moral centenario que ocupa el espacio central del patio.

Allí, el segundo domingo de mayo se celebra la romería en honor a Nuestra Señora de la Bastida, una de las más multitudinarias de cuantas se celebran en la ciudad de Toledo.

Continuamos el camino dejando la ermita a nuestra izquierda para abandonarla por la parte de atrás. Tras un pequeño tramo de camino, en el que está prohibida la circulación con vehículos, llegamos al muro de una propiedad. Es en este punto donde abandonamos el trazado más o menos recto que traíamos, para desviarnos a la derecha, dando un giro de casi 90°, de manera que tendremos la tapia a la izquierda y el pinar a la derecha.

Desde el punto anterior, el más alto de nuestro recorrido, iniciaremos el descenso hasta nuestro lugar de partida. Aparecen sendas y algún camino, da lo mismo por donde pisemos, siempre que vayamos más o menos en paralelo al borde del pinar que en todo momento estará a la derecha. Aprovechando la altitud y lo despejado de este tramo veremos el Tajo, Palomarejos, Buenavista…

En un momento desaparece el pinar, aparece a la derecha el vallado de una propiedad y por el camino erosionado que traemos llegaremos a la calle Airén para continuar en línea recta. Aquí abandonamos el medio natural para completar el recorrido por tramos urbanizados. Una vez en la carretera, giramos a la derecha.

En breve pasaremos por delante del Cigarral del Santo Ángel Custodio, uno de los espacios más cuidados de cuantos hay en derredor de Toledo y uno de los cigarrales más antiguos, donde destaca la ermita, que data de 1633. De obligado cumplimiento es acercarse el tercer fin de semana de mayo, cuando se celebra la romería y miles de ciudadanos asisten tanto a los actos religiosos como al resto de actividades lúdicas y festivas.

Tras dejar atrás la entrada al cigarral del Ángel continuamos hasta la rotonda y gasolinera de la Olivilla para seguir por la acera hasta nuestro destino.

Si tenemos un rato y algo de ganas merece la pena hacer otro tramo de camino alternativo, metiéndonos por la zona verde semiabandonada que se encuentra al acceder por la primera puerta a la izquierda tras dejar el pequeño aparcamiento de la Olivilla —parque de Polvorines— y volver a salir, tras otro retazo de naturalidad y proximidad del río, por la puerta de más abajo.

CAMINO NATURAL DEL TAJO
DE LA CAVA A VISTAHERMOSA

Cómo llegar   Recorrido

Punto de partida: Baño de la Cava
Distancia: 3,1 km / 6,2 km ida y vuelta
Desnivel: 22 m
  Altitud mínima 440 m s.n.m.
  Altitud máxima 462 m s.n.m.
Al desarrollarse la senda cerca del río es casi horizontal, pero con suaves ondulaciones
Recorrido: Lineal ida y vuelta
Paseo adaptado para personas con movilidad reducida.

El paseo discurre por el tramo inicial de la etapa 22 del Camino Natural del Tajo. Esta etapa, que consta de un total de 20,6 kilómetros, va desde Toledo hasta Albarreal de Tajo. Precisamente es nuestro punto de partida desde donde se marca el inicio de esta etapa.

El Camino Natural del Tajo en su conjunto consta de casi 800 kilómetros distribuidos en 43 etapas que unen Albarracín, en los Montes Universales, con la presa cacereña de Cedillo, en la frontera portuguesa.

El nombre del paraje donde comienza este paseo procede de la leyenda que nos cuenta que don Rodrigo, el último de los reyes visigodos, a principio del siglo VIII, observaba a diario a Florinda "la Cava" en las orillas del río bañándose y tomando el sol. Esta era hija del conde don Julián. Un día la deshonró, por lo que el padre de Florinda, entonces gobernador de Ceuta, quiso vengar la afrenta, de manera que permitió el paso de los musulmanes en el estrecho de Gibraltar para que invadiesen la península ibérica.

En el lugar se encuentra el torreón que servía de cabecera de un puente de barcas —un puente de madera flotante— que se usaba para cruzar de orilla a orilla antes de la construcción del Puente de San Martín.

Partimos bajo el Puente de la Cava, inaugurado en noviembre de 1976, que se construyó para, entre otras cosas, evitar el tráfico rodado sobre el de San Martín y desviarlo a la parte nueva de la ciudad. La zona dispone, además, de puestos para pescadores, bancos y mesas de picnic y un circuito biosaludable al aire libre.

Todo el recorrido se realiza por la senda señalizada que discurre por la margen derecha del río. En el tramo que vamos a recorrer confluyen trazados del Camino Natural del Tajo (GR-113), del Camino de Guadalupe (GR-166) y del Camino de Santiago de Levante (GR-239). Recordar que GR son las siglas que indican que son senderos de Gran Recorrido, según la nomenclatura establecida por la Federación de Deportes de Montaña y Escalada. Además, el paseo que vamos a hacer es parte de lo que en Toledo se conoce como la Senda Ecológica. Por ello encontraremos a lo largo del itinerario balizas y señalética de cualquiera de los senderos anteriores.

A lo largo de nuestro discurrir, a la derecha habrá vallados de las diferentes propiedades que limitan con la senda, pero a la izquierda se apreciará constantemente el bosque de ribera que puebla el talud existente entre la orilla del río y la senda. Dentro del arbolado destacan, por su mayor abundancia, los olmos comunes y los álamos blancos.

Varias de las rutas de este libro se desarrollan en todo o en parte junto al río, pero es esta la más inmersiva en el curso fluvial, pues en ningún momento se separa del agua. Gracias a esta cercanía a riberas, islas y azudes podemos observar multitud de aves ligadas al medio acuático, como las garzas imperiales, martinetes, garcetas, cormoranes, gallinetas, fochas comunes, ánades azulones o garcillas bueyeras, entre otras.

Apenas habremos recorrido cuatrocientos metros cuando llegamos a la altura de la Fábrica de Armas, recinto convertido en Campus Tecnológico de la Universidad de Castilla-La Mancha en 1998. Doscientos metros más adelante alcanzaremos la central hidroeléctrica de Azumel. Sobre la presa y los molinos que existían previamente, a finales del siglo XIX se iniciaron las obras para reconvertir los restos de los ingenios hidráulicos existentes en una central hidroeléctrica. Esta, junto a otras del entorno, estaba destinaba a suministrar energía a la industria armamentística allí instalada. La central permaneció activa desde principios del siglo XX hasta 1986. En la llegada a la central podemos continuar rectos, por la derecha del edificio, o bordearla por la izquierda. Esta última opción es la más recomendable, pues a través de una pasarela adosada al edificio y volada sobre el agua podemos rodear la instalación viviendo una experiencia atractiva con el rugir del Tajo bajo nuestros pies.

En breve nuestro andar se hará bajo la estructura del Puente de Polvorines, pero justo antes, en el recinto universitario, veremos la Torre del Agua, edificio que alberga una escultura de Cristina Iglesias que forma parte del complejo escultórico *Tres Aguas*, inaugurado en 2014. La pasarela peatonal colgante, de 105 metros de largo y seis de ancho, es la que sustituye a la que hasta 1947 existía allí, que servía para unir ambas orillas y conectar la Fábrica de Armas con la zona de los polvorines o de almacenaje de la munición, situada al otro lado del río para evitar accidentes en el caso de que hubiese alguna explosión accidental.

Seguimos la senda para encontrarnos, cuatrocientos metros más adelante, con otro momento donde el agua surge por nuestra derecha, pues sigue pasando, además de por su cauce, por construcciones antiguas que desviaban el agua para utilizar su fuerza motriz para la actividad fabril. Aquí, a la izquierda sale un ramal que nos conducirá a otro molino abandonado. Lo más significativo es la draga que se encuentra varada en el canal desde hace muchos decenios. Hay que ser observador porque los árboles y resto de plantas que han crecido en su plataforma no hacen intuir que estamos ante un ingenio único del patrimonio industrial que la Fábrica de Armas atesoró.

Un poco más adelante, tras dejar el edificio de nuestra derecha —edificio Sabatini de la Universidad de Castilla-La Mancha—, abandonamos la compañía de la Fábrica de Armas. Es aquí donde existe un camino a la derecha que nos permite salir de la senda si así lo queremos, para enlazar con el paseo de las Moreras en la Vega Baja, pues hasta el puente de la Peraleda ya no será posible dejar la senda.

Desde aquí, durante un buen rato, hasta que accedemos a lo que era la clínica del Rosario, todo el terreno que bordeamos es el perteneciente al Vivero Forestal de la Junta de Comunidades de Castilla-La Mancha.

Tras andar 2,3 kilómetros llegamos al puente de la Peraleda, que cruzaremos por debajo. Se trata de la ampliación de un puente anterior, que da acceso al Hospital Nacional de Parapléjicos y al recinto ferial de la Peraleda, entre otros. Seguimos aguas abajo, dejando a la derecha los muretes y vallas de alguna casa y establecimiento hostelero, para abandonar hasta nuestro destino final la proximidad a cualquier otro edificio o construcción.

En un rato pasaremos junto a una pequeña área estancial, una explanada con bancos y sombras para sentarse a disfrutar del paisaje ribereño. A la derecha, elevada varios metros sobre nuestro paseo, discurre la avenida de Adolfo Suárez o carretera de Ávila. Pronto, cuando ya hemos recorrido casi tres kilómetros desde nuestra partida, estaremos a la altura de los molinos de Buenavista, prácticamente desmantelados, y la pasarela de acceso con sus cuatro arcadas, todo ello en la zona conocida como Río Chico.

En este punto hay que tener cuidado porque sale una bifurcación a la derecha, cuesta arriba, que nos lleva a un establecimiento hostelero y la vía urbana citada anteriormente. Nosotros seguiremos llaneando, sin separarnos del río. No hay ningún problema porque en el cruce hay varias señales que nos indican el camino a seguir.

Cuando llegamos al asfalto, ya en el barrio de Vistahermosa, finaliza nuestro paseo, momento de darse la vuelta para dirigirnos, de nuevo, hasta el Baño de la Cava. En este tramo de vuelta podremos ver permanentemente instantáneas del casco histórico toledano en lo alto del peñón.

10 ARROYO SALCHICHA

BARGAS

URB. SANT
CLARA

LAS PERDIC

URB.
VALDELAG

TÉRMINO MUNICIPAL
BARGAS

TÉRMINO MUNICIPAL
TOLEDO

CM-40

URB.
VALPARAISO

0   500   1000

ARROYO SALCHICHA
TOLEDO-BARGAS

Cómo llegar

Recorrido

Punto de partida: Final Avda. del Madroño (barrio Valparaíso)
Distancia: 4,4 km / 8,8 km ida y vuelta
Desnivel: 117 m
  Altitud mínima 509 m s.n.m. (al coger el cauce).
  Altitud máxima 626 m s.n.m. (oratorio Virgen Madre de la Vida)
  Recorrido: Lineal ida y vuelta

Paseo no adaptado para personas con movilidad reducida.

Estamos en Valparaíso, uno de los barrios más jóvenes de Toledo, cuyas primeras casas se entregaron en 1995. Desde el final de la avenida del Madroño, que se ha configurado como un parque lineal convertido en lugar de ocio y encuentro del barrio, y perpendicular a la misma, descendemos unos metros hasta llegar al cauce del arroyo, cauce normalmente seco, excepto en eventos extraordinarios de lluvia.

A este curso fluvial lo podemos considerar como el arroyo de los tres nombres. Denominado como arroyo Carrasco en buena parte de la planimetría (poco más arriba hay una finca llamada Casas de Carrasco), en Valparaíso y Vistahermosa conocido como arroyo Salchicha, mientras que en Bargas, donde tiene su origen, lo citan como el arroyo de las Zorreras.

Iniciamos la ruta yendo aguas arriba, por el propio lecho del arroyo. Es verdad que durante los primeros metros, el recorrido lo podemos hacer por el camino que va paralelo, que es más cómodo, hasta que obligatoriamente, en el acceso a una finca privada, tendremos que continuar por el cauce.

A la derecha, según avanzamos, todavía quedan algunos tramos de un pequeño carril compactado que facilita nuestro andar. Tras la dana acaecida el 3 de septiembre de 2023 este camino prácticamente desapareció engullido y arrastrado por la inmensa cantidad de agua y tierra que circuló.

Es una maravilla que nada más salir de las construcciones nos dé la sensación de aislamiento, de estar en un entorno natural más o menos aislado de la vorágine de la ciudad. En todo momento, hasta el destino final que marcará el punto de vuelta sobre nuestros pasos, el recorrido es de suave subida. La longitud del paseo tampoco es demasiado larga, máxime sabiendo que nos podemos volver en el momento que cada uno estime, pero aun así se puede considerar de una dureza media por la inestabilidad del firme, conformado en su mayor parte por arena de río.

Debido a que la cuenca de recogida de aguas del arroyo es relativamente pequeña, y que las precipitaciones de la zona son escasas, es un curso que normalmente está seco. Sin embargo, en tormentas o momentos con precipitaciones exageradamente elevadas en cortos periodos de tiempo —como sucedió con las danas del 1 de septiembre de 2021 y del 3 de septiembre de 2023— el agua circulante puede ser descomunal. Hay que tener en cuenta que, además de los desniveles de los terrenos adyacentes, la mayor parte del territorio se encuentra labrado y sin cobertura vegetal, por lo que son tierras que se erosionan con mucha facilidad. Este conjunto de circunstancias ha generado un arrastre de las capas superficiales del terreno que acaban depositadas en el lecho del arroyo y en el cercano río Tajo. En el arroyo se quedan las partículas más pesadas, las arenas, pero los limos y arcillas, las fracciones del suelo más pequeñas —aquellas que dan un aspecto de "chocolate" al agua cuando arrastra sedimentos— se disuelven en el agua hasta que esta se ralentiza o se estanca. Es por ello que andar por este trayecto, se asemeja mucho a un paseo por la arena de la playa.

Desde el primer momento veremos que retamas, almendros amargos y encinas flanquean nuestro paseo. Estas últimas son vestigios del monte mediterráneo que antaño cubriría todas estas tierras.

Tras 1,4 kilómetros dejaremos a la derecha un extraordinario almendro que destaca tanto por su gran diámetro de tronco como por su elevada y voluminosa copa. Debido a su porte y aislamiento es difícil que nos lo pasemos sin verlo. Hasta ahora las tierras de labor que vamos dejando a ambos lados se dedican a cultivos herbáceos de secano, pero en breve, tras doscientos metros de este almendro singular, nuestro andar se va a desarrollar en buena parte a través de olivares. Aunque queda claro el discurrir de nuestro paseo, siempre por el cauce, es verdad que el ancho del mismo disminuye drásticamente, excepto en algún remanso o tabla que encontraremos más adelante. Tras casi dos kilómetros de andadura nos deberá llamar la atención una gran cantidad de ejemplares de membrilleros que veremos dispersos a ambos lados de nuestro caminar, posiblemente los últimos supervivientes de un membrillar que existiese allí hace muchos decenios.

A los 2,7 kilómetros nos sorprenderá pasar a la sombra de una pequeña olmeda, síntoma de que estamos en un lugar más húmedo de lo que venimos apreciando en el paseo. Es verdad que es una olmeda languideciente —formada por olmos comunes o álamos negros, como también los conocen en el entorno—. Esta decrepitud se debe a que todos sus pies están afectados por la grafiosis, enfermedad provocada por un hongo que ha acabado con casi todos los olmos de España y de Europa. Poco más arriba se repetirán otras pequeñas manchas de esta especie arbórea, en cuyo sotobosque aparecen majuelos y rosales silvestres, entre otros arbustos. En este entramado de retazos de naturaleza, donde la ruta se encajona y se ahonda, también nos llamará la atención que de vez en cuando aparezcan restos de arquetas o tuberías, componentes del colector de saneamiento de Bargas que discurre en paralelo o inserto en el arroyo Salchicha.

Poco a poco el arroyo se convierte en camino: aguas, tractores y otros vehículos comparten espacio.

Tras cuatro kilómetros de andadura pasaremos junto a las últimas viviendas de la urbanización Santa Clara, lo que nos indica que estamos próximos al pueblo de Bargas.
En la bifurcación que hay nada más abandonar las casas cogemos el ramal de la izquierda para girar a la derecha en el siguiente cruce de caminos. Durante todo este último tramo del camino vamos viendo permanentemente, en el altozano de enfrente, nuestro destino final antes de la vuelta.

Después de casi cuatro kilómetros y medio alcanzamos una arboleda, dominada por pinos carrascos, que aloja un pequeño tesoro: la ermita de la Virgen Madre de la Vida. Sin apenas habernos dado cuenta hemos llegado al vecino pueblo de Bargas.

Este recinto es un remanso de paz y tranquilidad, con unas vistas y unas puestas de sol increíbles. Tiene su origen en 1995, cuando los propietarios del terreno lo donan para

construir el pequeño oratorio y adecentar los espacios aledaños. Desde entonces, y gracias a la labor de los fieles, poco a poco ha ido mejorando y convirtiéndose en un lugar de esparcimiento y culto para muchos bargueños. Junto con el pequeño monumento que aloja a la Virgen se iniciaron las plantaciones que han hecho del sitio un pequeño vergel y una entrañable área recreativa.

Prácticamente todas las tardes podemos encontrar aquí a un grupo de mujeres que son las auténticas cuidadoras y guardesas del espacio, que velan por el buen uso del lugar y que cuidan los elementos del entorno.

Aprovecharemos para beber, ya que hay una fuente pública, descansar un rato y recuperar fuerzas para la vuelta. Esta la realizamos volviendo sobre nuestros pasos, eso sí, ahora todo cuesta abajo.

OTROS TÍTULOS DE LA COLECCIÓN *TOLEDO 10*

1 Toledo inacabado, *de José María González Cabezas*
2 Diez esculturas toledanas que has visto mucho, mirado poco y contemplado nada, *de Jesús Muñoz Romero.*

EN PREPARACIÓN

Diez fuentes en las calles toledanas
Diez escudos en el casco histórico de Toledo
Diez ermitas toledanas
Diez mujeres toledanas célebres
Diez santos toledanos
Diez calles con nombre de mujer

Dulcedo quedam mentis advenit.